Praise for Huascar Medina:

"*I hear the melodies of meadowlarks in the hinges of a swinging door.* So begins Kansas Poet Laureate Huascar Medina's new bilingual poetry collection, *Un Mango Grows in Kansas*. This is a journey traversing a landscape that begins in the heat of the isla of Puerto Rico and ends in a Kansas ... *wheat field within a husk of corn*. Along the way Medina is burdened with the consternation of mother and father, but bolstered by the spirit of Ruben Blades, Pablo Neruda, Jimmy Santiago Baca, Ernest Hemingway, and Frida Khalo. The words in this collection take flight on the wings of pigeons, that *fly in cursive, in case they didn't make it, so others may see the phrases passing by; before they're shot down.* These are poems sung by an itinerant minstrel ...*creating heaven in a land where no one's innocent,* to ask the most salient of questions, *Can a song of despair come before a love poem?* This collection answers with a resounding, Yes!"

-Jose Faus, *The Life and Times of José Calderon*
(39th Street Press)

Praise for Huascar Medina:

"Huascar Medina's *Un Mango Grows in Kansas* contains a lyric catalog of losses but also the joy that comes from carrying our islands and ancestors with us. These poems of grief and celebration feature all the elsewheres of Kansas, as well as Frida Kahlo's Casa Azul and the mango orchards of Puerto Rico. In this bilingual collection, Medina says *Only Neruda can save us,* and like Neruda, Medina seamlessly blends the high and the low, the heaven of fruit flies, the blush of resurrected bones, the messy and necessary resurrections of love."

-Traci Brimhall, *Come the Slumberless to the
Land of Nod* (Copper Canyon)

Un Mango Grows in Kansas

Poems by Huascar E. Medina,
Translated by Julie A. Sellers

Spartan
Press

Kansas City   Missouri

Spartan Press
Kansas City, MO
spartanpresskc.com

Spartan
Press

Acknowledgements:

"Mi Isla" — *Latino Book Review*

"When is Mango Season in Puerto Rico?
A Trip Advisor question from Jack." — *Flint Hills Review*

"Where the Songbird Goes at 3am" — *Flint Hills Review*

"Remorse" — *Flint Hills Review*

"New American" — *The Konza Poetry Project Presents:
   Somewhere Between Kansas City and Denver*

"Singing Her Blues" — *The Konza Poetry Project Presents:
   Somewhere Between Kansas City and Denver*

"Surrogate City" — *Finding Zen In Cowtown: 30 Poems About
   Kansas City*

"Spanish Knotted Feather Stitching" — *How To Hang The Moon*
   (Spartan Press, 2016)

"Per Aspera Ad Astra" — *How To Hang The Moon*
   (Spartan Press, 2016)

Gracias

Jeanette Powers, gracias por tus ojos y tu corazón. Tratas mis
poemas como si fueran niños no nacidos que esperan ser oídos.
Eres la mejor de las parteras.

Julie A. Sellers, gracias por tu traducción. Confío en ti sobre la
mayoría.

Cal Louise Phoenix, gracias por siempre ser mi compañero
poético. Te quiero.

Aris Odeth Famania, gracias por haber creído en mí por tanto
tiempo. Tu amor incondicional, tu apoyo y tus sacrificios me
han moldeado. Gracias por dejarme fracasar. Estoy eternamente
agradecido.

Les agradezco a Cochita, Chispa y Brozilla. Me mantienen con
los pies sobre la tierra.

Megan Hoang, gracias por amar tan intensamente a nuestro hijo.
Va a crecer en una parte más segura de Nueva América, te lo
prometo.

Le agradezco al Grupo de Poesía La Resistencia. No podría pedir
una mejor familia poética. Admiro su voz, su pasión y su talento.
Me inspiran y me desafían. Los amo, Jessica Ayala, MG Salazar,
Miguel Morales, Alex Martínez y Lucky García.

Gracias, José Faus. Me asombras. Espero que estés orgulloso de
mí, hermano. Estoy tan orgulloso de

-HM

Thank you

Jeanette Powers for your eye and heart. You treat my poems like unborn children waiting to be heard. You are the most magnificent midwife.

Thank you Julie A. Sellers for your translation. I trust you above most.

Thank you Cal Louise Phoenix for always being my poetic partner. I love you.

Thank you to Aris Odeth Famania for your long belief. Your unconditional love, support and sacrifice have helped mold me. Thank you for allowing me to fail. I am forever grateful.

Thank you Cochita, Chispa and Brozilla. You keep me grounded.

Thank you Megan Hoang for loving our son so fiercely. He will grow up in a safer part of New America, I promise.

Thank you *La Resistencia* Poetry Group. I could not ask for a better poetic family. I admire your voice, passion and talent. You inspire and challenging me. Te amo Jessica Ayala, MG Salazar, Miguel Morales, Alex Martinez, and Lucky Garcia.

Thank you José Faus. I am in awe of you. I hope you are proud of me hermano. I am so proud of you.

-HM

TABLE OF CONTENTS

Llegar en Kansas / 1

Arriving in Kansas / 5

Puntada de pluma con nudo / 9

Spanish Knotted Feather Stitching / 10

Por favor / 11

Por Favor / 12

Mi isla / 13

Mi Isla / 15

¿Cuándo es la temporada de mango en Puerto Rico?
  Una pregunta de Jack en Trip Advisor / 17

When is Mango Season in Puerto Rico?
  A Trip Advisor question from Jack / 18

Un gallo bankiva buscando trigo / 19

A Junglefowl Scouting Wheat / 22

La humedad / 25

La Humedad / 28

Nuevo Americano / 31

New American / 35

La madre Kansas City / 39

Surrogate City / 40

No es tu alcatraz / 41

She is Not Your Calla Lily / 44

No cantan como nosotros / 47

They Can't Sing It Like Us / 51

Todavía / 55

Todavía / 56

¿Cuándo terminarán las aceras? / 57

When Will the Sidewalks End / 58

Cantando los blues / 59

Singing Her Blues / 60

Actriz / 61

Actress / 62

Hablar en lenguas / 63

Speaking in Tongues / 65

Compromiso / 67

Commitment / 68

Ejemplos / 69

Examples / 70

El pájaro cantor a las tres de la madrugada / 71

Where the Songbird Goes at 3 am / 73

Después de que me recordaron que ella siempre
    ganará más dinero que yo / 75

After I Was Reminded She Will Always Make
    More Money Than Me / 78

Quemando salvia / 81

How to Sage / 83

Remordimientos / 85

Remorse / 86

Para hoy / 87

For Today / 89

La leyenda de Ernesto Hemingway / 91

The Legend of Ernesto Hemingway / 94

Una publicación en Facebook para el primer poeta
    laureado de MTV, en forma de poema, al saber de
    su fallecimiento / 97

A Facebook Post, For The First Poet Laureate Of
    MTV, In The Form Of A Poem, Upon Hearing
    Of Their Passing / 98

Las noticias KCTV / 99

KCTV NEWS / 100

Hijo / 101

Hijo / 103

Las mismas noticias de siempre / 105

Same Ol' News / 108

Dondequiera que estés / 111

Wherever you are, Wherever you're at / 113

Promesas / 115

Promesas / 118

7 horas de camino con los éxitos / 121

7 Hours on the Road con Los Exitos / 126

Per aspera ad astra / 131

Per Aspera Ad Astra / 132

Un mango crece en Kansas / 133

Un Mango Grows in Kansas / 134

Para mis padres
Vinieron desde lejos para traerme aquí.
Estamos tan lejos de sus tierras.
Espero que me recuerden nuestros antepasados.

To my parents,
You came a long way to bring me here.
We are so far away from your homes.
I hope our ancestors remember me.

I want to sing:
Le lo lei, le lo lai, le lo lei, le lo lai

Un Mango Grows in Kansas

Llegar en Kansas

I.

Oigo las melodías de los praderos del oeste
en las bisagras de la puerta oscilante
      puertas que me conducen a los altos escalones grises
      Subo en etapas hacia
      un asiento de ventana
      el único asiento
      sin cinturón de seguridad

Un negro carbón gira en sentido horario
tirando hacia todo lo que no sea lo anterior
      un jalón de libertad percibido como el progreso
      un fetiche por avanzar
      idealizado en
      nuestra

      devoción al tiempo
sumisión al tiempo
religión del tiempo

nuestros dictadores de bolsillo
      golpeando por el vidrio
temerosos del tiempo transcurrido
      una elipsis eterna

No fue el atardecer ni el cielo emanando
de los cristales rotos del autobús Greyhound
lo que me despertó

ni el zumbido de la goma de unas llantas
nuevas y suaves sobre el alquitrán, extasiadas con
el calor de la fricción

Un dios del río rodante pisa el acelerador,
llevándome a un nuevo tipo de prisión.

II.

Siempre fueron las cosas pequeñas

el trinar de una sola tuerca
Dorman 611-303, dando vueltas,
natural, de hierro,
que silba cuando frenamos
porque un mecánico estaba
demasiado ocupado
para apretarla
o demasiado distraído
por el mundo
para preocuparse por
la seguridad de todos
los que viajan juntos

Pero yo he viajado solo
siempre solo
  por autobús, taxi, tren y avión
  mi boleto allí en el bolsillo de mi saco
  el tipo que debemos llevar en nuestro velorio
  un aviso constante
  que el único destino
  que vale la pena
está dentro de uno mismo
  y que nadie
  puede acompañarnos
    al final.

La vida es el adiós del Medio Oeste más largo

el morir es una ceremonia que nos obligan a pagar
después de que los que ya se fueron se fueron hace mucho y
están en camino a la última parada
  después de que las rampas de salida
se convierten de verdad en
calles de una sola vía
  sin dar vuelta atrás
  sin desvíos
solo la señal de alto y alquitranes
  demasiados macabros
  para que los reconozcamos diariamente
  nuestro viaje
      salimos

III.

El sonido del frenado
      Saco   un talón de recibo   de mi bolsillo
echo un vistazo   a mi reloj
          nunca estábamos
            a tiempo

Leo mi recibo/itinerario:
Ciudad, Llegada, Escala, Salida

Arriving in Kansas

I.

I hear the melodies of meadowlarks
in the hinges of a swinging door
  doors that lead to tall grey steps
  climbed in stages toward
  a window seat
  the only chair
  without a safety belt

Charcoal black turns clockwise
tugging towards anything other than before
  a pull of freedom sensed as progress
  a fetish for forward motion
  romanticized in
  our

  devotion to time
submission to time
religion of time

our pocket dictators
  tapping through glass
fearful of time elapsed
  infinite ellipsis

It wasn't dusk or sky emanating
through cracked glass of the greyhound bus
            that awakened me

        not the hum of rubber to asphalt
        from soft new wheels in ecstasy with
                the heat of friction

There is a river god on wheels, who presses the gas pedal,
taking me to a new type of prison.

II.

It was always the little things

            chirping from a single
            circling Dorman 611-303
            lug nut, natural, steel
            that whistles when we brake
            because a mechanic was
            too busy
            to tighten it up
            or too distracted
            by the world
    to care enough about
    the safety of those
    who travel together

But I have traveled alone
always alone
        on buses, in taxis, trains and planes
        my ticket pocket placed in a blazer
        the kind we are expected to wear at our wake
        a constant reminder
        that the only destination
        worth traveling to
is in our self
        and no one
        can come with us
            in the end

Life's the longest Midwest goodbye

dying a ceremony we are forced to pay for
after the gone are long gone and along their way
to the last stop
        after off ramps
truly become
one ways
        no turnarounds
        no detours
all stop and blacktops
        too macabre
        to acknowledge daily
        our journey
                exiting

III.

The sound of braking
       I pull   a ticket stub   from my pocket
glance   at my watch
            we were never
                  on time.

I read my receipt/itinerary:
City, Arrival, Layover, Departure

Puntada de pluma con nudo

Solo puede salvarnos Neruda. Le he escrito peticiones
de orientación, con la dirección de una luna de cristal
menguante, en esa rama roja del otoño ya pasado en su
ventana. Van sujetas con hilos a unas palomas que se niegan
a llevar los bolsos que tejió mi abuelita con manos anudadas
antes de fallecer. Las palomas discuten a favor de la utilidad,
el equilibrio en contra de mi necesidad de lo sentimental:
El peso adicional de las cosas hace que el vuelo sea oneroso,
decían.

Cómo quisiera que esas aves fueran palomas mensajeras,
menos paloma, dispuestas a luchar contra el viento y la lluvia
para llegar; que no tuvieran problema con la guerra y la
pérdida. Incluso les he enseñado a volar en cursiva, por si no
lleguen, para que los demás puedan ver las frases pasando,
antes de que las derriben. Pero muy pocos reconocen la
necesidad de, palabras suaves, redondas, libres y
flotando sobre el aire. Su gracia parece indecisa, casi perdida
desde abajo.

Qué pena les han tenido, pobres palomas. Se lo ruego, por
favor, lleven estos apuntes a su orilla, canten hacia el alféizar
a su vista; sean sinceras, bien educadas, limpien la arena de
sus patas antes de entrar, báñense en su café, pósense sobre
su dedo.

Solo tengo que saberlo,

> *Una canción desesperada, ¿puede preceder*
> *a un poema de amor?*

Spanish Knotted Feather Stitching

Only Neruda can save us. I've written him pleas for
guidance, addressed it to the waning crystal moon, on
that red branch of the now gone autumn in his window.
They're cinched with threads to *palomas* whom refused
to wear the satchels my *abuelita* knitted, through *manos
anudado*; before her passing. *Las palomas* argued for
practicality, balance and against my need for sentimentality:
The added weight of things makes flight onerous, they'd say.

How I wish these birds were more passenger pigeon,
less dove, willing to fight through wind and rain to get
there; okay with war and loss. I've even taught them to
fly in cursive, in case they didn't make it, so others may
see the phrases passing by; before they're shot down.
But very few people see the need for soft, round,
words, free and flowing in the air. Their grace appearing
indecisive; almost lost from below.

How they've pitied them, poor *palomas*. I beg of you,
please take these notes to his shores, sing towards the sill
in his view; be candid, have manners, wipe the sand from
your feet before entering, bathe in his café, perch yourself
upon his finger piece.

I just have to know,

       Can a song of despair come before a love poem?

Por favor

¡Toa, toa, mamá, madre!
Atabey, por favor ven a casa.
Llévame a las arenas infinitas de la playa,
cubriéndonos con el tiempo abandonado.
Estos hombres son unos monstruos.
No son dioses.
¿Por qué te escondes?

¡Toa, toa, mamá, madre!
Atabey, por favor ven a casa.
Perezco si me voy,
hecho rana por llorar
¿coquí, coquí?

No me quedo sin ti.
Este lugar no es mi tierra.
Estos hombres son unos monstruos.
No son dioses.
Por favor, no nos dejes atrás a todos.

¡Toa, toa, mamá, madre!
Atabey, por favor ven a casa.
Estos hombres son unos monstruos.
No son dioses.

Sálvame
de mí,
de nosotros.

Por Favor

Toa, toa, mother, *madre!*
Atabey, please come home.
Take me to the beach sands infinite,
blanketing us with abandoned time.
These men are monsters.
They are not Gods.
Why do you hide?

Toa, toa, mother, *madre!*
Atabey, please come home.
I'll perish if I leave,
turned frog for crying
coqui, coqui?

I will not stay without you.
This has not been home.
These men are monsters.
They are not Gods.
Please don't leave us all behind.

Toa, toa, mother, *madre!*
Atabey, please come home.
These men are monsters.
They are not Gods.

Save me
from me
from us.

Mi isla

Hoy comí un mango,
era mayormente verde
con matices rojos y amarillos.

El Yunque al amanecer
es mayormente verde
con matices rojos y amarillos.

Mi patria es una isla del encanto,
llena de montañas sombreadas de selva,
playas desnudas mirando embobadas,
un océano de besos lentos.

Allá,
las brisas del mar enamoran las palmeras
y los cocos, mirando a hurtadillas,
se desmayan por tanto resistir,
en la arena dormidos,
soñando despiertos conmigo.

Esta noche,
un brindis por ti, Papá.

Imaginémonos que los grillos son
unos coquíes de parranda borrachos,
luchando contra la pérdida,

cantando fuera de tono,
tocando desafinados, sin poder
encontrar su camino a casa.

Imaginémonos que nos rodean
unas vacaciones y no el trabajo,
que todo este trigo es playa,
que el azul de arriba es océano.

Imaginémonos que me miras,
maduro en la vientre de una hamaca
atada a los horizontes sin océano
ni playa cerca, ni miedo
de que yo esté sin litoral aquí,

rodeado de jíbaros
que no soportan a los jíbaros;

todavía una isla.

Mi Isla

I ate a mango today
it was mostly green
with reds and yellows.

El Yunque, at dawn
is mostly green
with reds and yellows.

My homeland's enchanted
full of shady jungle mountains,
gawking naked beaches;
slowly necking ocean.

There,
sea breezes woo the palm trees
and peeping coconuts faint
from holding on too long,
in sand, asleep;
daydreaming of me.

Tonight,
un brindis por ti Papá.

Let us pretend, the crickets are
drunken *coquies de parranda,*
struggling with loss,

singing in the wrong key,
playing out of tune; unable
to find their way home.

Let us pretend, we are surrounded
by vacation not work,
that all this wheat is beach,
that the above blue is ocean.

Let us pretend, you are watching me,
ripe in a hammock's womb,
strung to horizons with no ocean
or beach sand near nor fear
that I've become landlocked here,

surrounded by *jíbaros,*
who don't like *jíbaros;*

still an island.

¿Cuándo es la temporada de mango en Puerto Rico?
Una pregunta de Jack en Trip Advisor.

En alguna parte de Vieques siempre hay un árbol
con fruta, solo te hacen falta los conocimientos locales.
—9 de mayo, 2008, respuesta #3 de 11 de Vieques

Todavía me queda por ver un árbol de mango en Kansas.
Compro la fruta en una tienda whole foods.
La mayoría de las cosas aquí son de otras partes.
Hasta la mermelada viaja para llegar aquí.

¿Sabías que cultivan un rincón del cielo
en un huerto en un lugar llamado Santa Cruz?
Es una pasta de mango para untar, no transgénica, orgánica,
de 40 calorías por cucharada. Huele a pulpa,
como los mangos al lado del camino, caídos del árbol,
demasiado maduros para crecer o para conservar.

Había un verano en Yabucoa cuando los mangos pavimentaron
todo al lado del camino, los estacionamientos.
Ese verano comimos todo con sabor a mango.
El sabor a mango te cerrará los ojos.
Comí mi primer gusano ese julio.
No importaba. Nunca lo vi. Aun así conocí la dicha.
Las moscas de fruta son ángeles que nacen en su propio cielo.

When is Mango Season in Puerto Rico?
A Trip Advisor question from Jack

Somewhere in Vieques there is always a tree
with fruit, you just need local knowledge.

—May 9, 2008, response #3 of 11 from Vieques

I have yet to see a mango tree in Kansas.
I buy my fruit in a whole foods store.
Most things here are from elsewhere.
Even my jam travels into town.

Do you know they grow a type of heaven
in an orchard, in a place called Santa Cruz?
A mango spread, Non-GMO, Organic,
40 calories per tablespoon. It smells fleshy,
like roadside mangoes, dropped from a tree,
too ripe to grow; too old to save.

There was a summer in Yabucoa, where the street side,
parking lots and driveways were paved in mangoes.
We ate mango flavored everything that summer.
The taste of mangoes will make your eyes close.
I ate my first *gusano* that July.
I didn't mind. I never saw it. It was still bliss.
Fruit flies are angels born in their own kind of heaven.

Un gallo bankiva buscando trigo

O todo lo que hacemos para no concentrarnos en lo que debemos

A lo mejor
no quiero concentrarme
en las dificultades
enfrentar lo largo
de mis días
todos una veleta
girando en su sitio

Dentro de mí
existe
la inmunidad
al alba y al crepúsculo

Siempre
estoy despierto
y por eso, solo conozco
fantasías

Todos los días
devoramos la luz hasta que
queda
solo
el hueso
de la noche
y entonces, lo tiramos

Soy
una parte de brújula
una parte de perdido
una parte de metal
todo gallo

Si te sientes perdido
concéntrate en la dirección
no en mí
el sol es constante
la luna es voluble

Yo solo sé
adonde viajan los suspiros
la trayectoria de las cometas
adonde se va la risa
y en donde aún flotan
las semillas de los dientes de león
por qué se van caminando las hojas
por cuánto tiempo vuelan las canciones
y los mejores momentos
para pedirles un baile a las flores

Soy
tan útil como el capricho y la pluma
en la mano del cartógrafo
atacando
planeando el trabajo

que otros esperan que haga
a la vista de desconocidos
viendo las líneas como senderos
a algún lugar hermoso
pero hasta una brújula
puede extraviarse

A Junglefowl Scouting Wheat
*Or, the things we do to avoid what we should be
focused on*

　　　Maybe
I don't want to focus
on troubles
face the longness
of my days
all weathervane
circling in place

　　　In me
immunity
to dawn and dusk
exists

　　　I am
always awake
so only know
daydreams

　　　Each day
we eat the light until
only the bone
　　　of night
is all
that's left
then thrown away

I am
part compass
part lost
part metal
all rooster

If you feel lost
focus on direction
        not me
the sun is constant
the moon is fickle

        I only know
where whispers travel
the path of kites
the direction laughter leaves
where dandelion seeds still float
why leaves walk away
how long songs fly
and the best times
to ask flowers to dance

        I am
as useful as whim and pen
in a cartographer's hand
lashing out
mapping out work
I'm expected to do
in front of strangers

seeing lines as paths
to somewhere beautiful
but even a compass
can be misplaced

La humedad

En la calle Main, no 1400
pido yo
una Cuba libre
sin hielo
un Puerto Rico rico
otro Nuevo México
otra Venezuela,
paz en Guatemala
paz en Panamá
y un salvador
para
El Salvador
y algo diferente
para
Argentina

En The Chesterfield
bailo con música alegre
merengue
bachata
y salsa

Acá bailamos
al compás
del son clave
en La Humedad

En
...esta humedad
En
...esta humedad
En
...esta humedad
En
...esta humedad

Porque sentados
deseando
y esperando
sería inútil
en un clima
en donde
no podemos
respirar

En
...esta humedad
En
...esta humedad
En
...esta humedad
En
...esta humedad

Y el clima puede afectar el dolor
pero no voy a sufrir en silencio
las lágrimas me perlan la frente
los llantos salen hechos canción
y las preocupaciones
dan vueltas e inclinan
mientras protestamos
bailando
mano a mano
con
La Humedad

En
...esta humedad
En
...esta humedad
En
...esta humedad
En
...esta humedad
En
...esta humedad
En
...esta humedad

La Humedad

At 1400 Main St.
I ask for
una Cuba libre
sin hielo
un Puerto Rico Rico
otro Nuevo México
otro Venezuela,
paz en Guatemala
paz en Panama
y un salvador
para
El Salvador
y algo diferente
para
Argentina

Within The Chesterfield
I dance con música alegre
Merengue
Bachata
Y Salsa

Acá bailamos
to the rhythm
of the son clave
in La Humedad

In
...esta humedad
In
...esta humedad
In
...esta humedad
In
...esta humedad

Because sitting
wishing
and waiting
would be hopeless
in the climate
we can't
breathe in

In
...esta humedad
In
...esta humedad
In
...esta humedad
In
...esta humedad

Y el clima puede afectar su dolor
but I won't suffer silently
tears bead down my brow
cries come out in song

and worry
turns and dips
as we protest
in dance
with
hand in hand
La Humedad

In
...esta humedad
In
...esta humedad
In
...esta humedad
In
...esta humedad
In
...esta humedad
In
...esta humedad

Nuevo Americano

No me digas inmigrante
soy el Nuevo Americano
esforzándome en Nueva América
como un Nuevo Americano
no soy tu invasor
ni animal
ni criminal
Solo soy un ser humano
solo esforzándome
en una Nueva América

En Nueva América soy
un estudiante a tiempo completo
un obrero de horas extra
me hago de voluntario en mi tiempo libre
si me organizo lo suficiente y tengo tiempo libre
si aun puedo permitirme el tiempo libre
si me aprueban mi tiempo libre

Trabajo duro en Nueva América
3er turno en el almacén
2o turno en mi casa
siempre de turno
sin ningún día libre
freelance de por vida
4 trabajos por semana
de cuello azul y blanco

No me digas inmigrante
soy el Nuevo Americano
sobreviviendo en Nueva América
como un Nuevo Americano
no soy tu invasor
ni animal
ni criminal
Solo soy un ser humano
solo sobreviviendo
en una Nueva América

Esta es la Nueva América
préstamos estudiantiles para todos
un alquiler alto
servicios públicos más altos
un sueldo bajo
costos de atención médica en aumento
el costo de la vida
--mortal
sin un sueldo mínimo
vivo encolerizado
mis primos enjaulados
por querer vivir en
una parte más segura de
Nueva América

No me digas inmigrante
soy el Nuevo Americano
viviendo en Nueva América

como un Nuevo Americano
no soy tu invasor
ni animal
ni criminal
Solo soy un ser humano
solo viviendo
en una Nueva América

Fuerte y orgulloso
capaz de resistir
la distancia que viajé
la distancia de mi familia
la distancia entre nosotros
la distancia de nuestros dialectos
la distancia de nuestras iglesias
la distancia en nuestras casas
la distancia entre mis antepasados
y mis nietos
la distancia de las calles
a las residencies estudiantiles
la distancia del campo
a la oficina ejecutiva

No me digas inmigrante
soy el Nuevo Americano
soñando con la Nueva América
como un Nuevo Americano
no soy tu invasor
ni animal

ni criminal
Solo soy un ser humano
solo soñando
con una Nueva América

Vieja América
no tengas miedo
Somos todos América
Norteamérica
Centroamérica
Sudamérica
Somos todos americanos
Todos nos esforzamos en las Américas
Todos sobrevivimos en las Américas
Todos vivimos en las Américas
Todas son las mismas Américas

Todos soñamos con una América más grande
quiero que ganes un sueldo mínimo
que vivas en una vivienda asequible
sin ninguna deuda universitaria
ni médica
ni de tarjeta de crédito
ni siquiera la deuda nacional
no quiero más racismo
Hablo de una Nueva América
soy parte de la Nueva América
te guste o no
así que
únete a mí, por favor

New American

Don't call me immigrant
I am the New American
striving in New America
as a New American
I am not your invader
not an animal
nor criminal
I am a just person
just striving
in a New America

In New America I am
a full-time student
overtime worker
volunteering in my free time
if I plan enough ahead for free time
if I can even afford the free time
if my free time is approved

I work hard in New America
3rd shift warehouse
2nd shift my house
always on call
no days off
freelance for life
4 jobs a week
blue and white collar

Don't call me immigrant
I am the New American
surviving in New America
as a New American
I am not your invader
not an animal
nor criminal
I am a just person
just surviving
in a New America

This is New America
student loans for all
high rent
higher utilities
low pay
rising healthcare costs
the cost of living
—deadly
no living wage
living enraged
my cousins encaged
for wanting to live in
a safer part of
New America

Don't call me immigrant
I am the New American
living in New America

as a New American
I am not your invader
not an animal
nor criminal
I am a just person
just living
in a New America

Strong and proud
able to withstand
the distance I have traveled
the distance from my family
the distance between us
the distance of our dialects
the distance in our churches
the distance in our homes
the distance between my ancestors
and my grandchildren
the distance from the streets
to the dorm rooms
the distance from the field
to the corner office suite

Don't call me immigrant
I am the New American
dreaming of New America
as a New American
I am not your invader

not an animal
nor criminal
I am a just person
just dreaming
of a New America

Old America
don't be afraid
we are all America
North America
Central America
South America
We are all Americans
We all strive in Americas
We all survive in Americas
We all live in Americas
They are all the same America

We all dream of a greater America
I want you to be paid a living wage
live in affordable housing
without college debt
or medical debt
or credit card debt
or national debt
I want no more racism
I am speaking of a New America
I am part of New America
whether you like it or not
so join me, please

La madre Kansas City

Mamá,
estoy bien.

La madre KC me adoptó
ella lleva también la ropa planchada
de concreto y vidrio
me guiña para cruzar las calles
me recuerda que me cuida
por las sirenas en el aire

Tararea una canción de cuna de carretera
del viejo Paseo Puente
para yo poder pasar las noches
los horizontes no se parecen
a mi vieja san ciudad
tranquila

Ella abraza a
tu hijo
son
el sol
sun
mi alma.

Mamá,
la madre KC ha sido buena conmigo

Surrogate City

Mama,
estoy bien.

Mother KC has adopted me
she too wears ironed garments
of concrete and glass
winks at me to cross the streets
reminds me I am cared for
through sirens in the air

She hums a highway lullaby
of old Paseo Puente
so I may pass the nights
skylines don't resemble
mi vieja san ciudad
in peace

She embraces
your son
the sun
el sol
my soul

Mother,
KC has been good to me

No es tu alcatraz

Creo que sus huesos
se sonrojarían
si los desenterrara
de una tumba
con un dedal
llevado de la sala de costura
del sótano de un convento
lleno de pósteres de la Madre Teresa.

Su espíritu santo
asombrándose a mi insistencia en desenterrarla.
Mi deseo de limpiar y eliminar
el sacrilegio.

Mientras buscara,
recitaría a Rilke
en un ciclo infinito de poesía mariana.

Ella encontraría
pintoresco
mi trabajo duro
en la tierra,
o romántico
o inquietante;
otro Alexandre Houge,

infértil, estéril y cicatrizado
—un alféizar con vista a los sueños abandonados.

Pero la verdad es
que ella no está enterrada aquí;
se la llevó el fuego
—los hijos del Sol.

Todo esto me preocupa.
Se ha convertido en
chucherías,
cerámica pintada;
un objeto más en la casa de Diego.

Fuera de La Casa Azul,
un turista se burla de mí por cavar
Loco, entra no más y la ves.

Mi respuesta:

Pero quiero tocarla, hermano.
Si su cuerpo no pudo aguantar sus pasiones,
¿por qué crees que una urna contendría sus cenizas?
Está aquí afuera, en el patio; esperando a que la resuciten
--una semilla de cacao.

Por un momento quedó parado, avergonzado,
sin querer ensuciarse las manos, entonces se fue,
mientras seguía yo rastrando la tierra con la insistencia
de un buey

Vi que el desconocido respetaba poco o nada la obsesión,
el amor eterno o el sufrimiento superfluo; incapaz
de martirizar sus creencias
--una vela sin mecha.
No creía en el amor.
No creía en ella.
Mientras se iba él,

le grité:

¡Sé quién eres Mirid!
¡Qué vergüenza, Capsid!
¡Qué vergüenza, Diego!
¡Qué vergüenza!
¡Qué vergüenza!

Poco después,
me sacaron del patio;
las palomas arrullaban.
Su risa llegó
demasiado tarde para avisarme
o tal vez, era más bien una burla.
La naturaleza puede ser cruel con todos.

She is Not Your Calla Lily

I think her bones
would blush
if I dug them out
of a grave
with a thimble
taken from the sewing room
in the basement of a nunnery
filled with Mother Theresa posters.

Her *espiritu santa*
marveling at my persistence to unbury her.
My desire to cleanse and wipe away
sacrilege.

As I searched,
I would recite Rilke,
in an infinite cycle of Marian poems.

She would find my toil
in the earth
picturesque,
romantic
or disturbing;
another Alexandre Houge,
infertile, barren and scarred
—a sill with view of dreams abandoned.

But the truth is,
she's not buried here;
the fire took her
—sons of El Sol.

This has troubled me.
She has become
knick-knackery,
painted pottery;
an object in Diego's home.

Outside La Casa Azul,
a tourist mocks me for digging,
Loco just go inside and see her.

My reply:

But I want to touch her hermano.
If her body could not withstand her passions,
what makes you think an urn could contain her ashes?
She is out here, in the yard; waiting to be resurrected
—a seed of cacao.

For a moment, he stood there in shame,
not wanting to get his hands dirty, then walked away,
as I continued to scrape the earth with the persistence of an ox

I could tell the stranger had little to no respect for obsession,
eternal love or superfluous suffering; unable
to martyr for what he believed in
—a candle with no wick.
He did not believe in love.
He did not believe in her.
As he left,

I yelled:

I know who you are Mirid!
Shame on you Capsid!
Shame on you Diego!
Shame on you!
Shame on you!

Shortly after,
I was escorted from the lawn
with the Rock Doves coo-cooing.
Their laughter
too late to warn me
or maybe, a bit more mockery.
It seems nature can be cruel to us all.

No cantan como nosotros

—para Rubén Blades

I
Pablo Pueblo III
siempre ha sido callado
cuando va y viene
del trabajo

Está harto
de apresurarse siempre
perseguido constantemente
por sombras invisibles
en lugares desconocidos

Pablo Pueblo El Tercero
baila por la oscuridad
entre las farolas
al amanecer, soñando con su tierra

Las farolas vierten
miradas más fulminantes que fijas
regaderas
limpiando
la tierra norteamericana
fundida a sus cuerpos

Estas farolas florecen
de la nada
dan fruto
la forma de lunas
refutan
gigantes rojos
banderas rojas
olas rojas
letras rojas

Estos gigantes son desconocidos
hablando de carne y color
con la simplicidad de los huesos
la finalidad de los huesos
la blancura de los huesos
aclarando demasiado tarde
la inhumanidad de la humanidad
una luz de noche para los féretros

Pablo III vive en la alienación
donde nadie presta atención
donde el concreto que lo recubre
mantiene a raya el matorral
y delinea las únicas sendas
por donde todos los Pablos pueden caminar
para que todo lo verde que crece
fuera de la puerta del propietario
no se marchite

Cuando Pablo III mira esas paredes
que siguen construyendo los políticos
expresa una desilusión total
esperando el cambio social

Yo también soy hijo de Pablo Pueblo
hijo de Papá Blades
descendiente del grito
que baila en las calles
de la miseria y del hambre
en la esquina de la rabia
entre la avenida de la pérdida
y en los callejones llenos de tristezas
buscando la luz

II

Esto lo escribí en la oscuridad
un grafiti de bolsillo. Otro
rechazo del Oprah Book Club
el tipo que la gente
apenas lee por
faltar la etiqueta
del vino blanco y fino

No soy una mina de oro
Soy la libertad y la verdad
Soy el 100% de graduación alcohólica
No soy tu uva

bebida a sorbos por placer
tras ser exprimida
no me levantaste
del suelo
no tienes el derecho
de quitarme la piel
no puedes refinar mi sufrimiento
no se trata de tus uvas de la ira

No es culpa nuestra
que sea difícil
que algunos reflexionen
bajo la influencia
de un alcohol ilegal

Llegará nuestro día
somos más que
un sujeto en un estante
más que una sombra
detrás de ti
que tú iluminas

Somos radiantes

They Can't Sing It Like Us

—for Rubén Blades

I
Pablo Pueblo III
has always been quiet
when going to
and from work

They are tired
of always rushing
constantly chased by
unseen shadows
in unknown places

Pablo Pueblo El Tercero
dances through darkness
between the streetlights
at dawn dreaming of home

Streetlights pour
glares like stares
showerheads
washing away
the American dirt
attached to their bodies

These streetlamps bloom
out of nothing
bearing fruit
the shape of moons
rebutting
red giant
red flags
red waves
red letters

These giants are strangers
speaking of flesh and color
with the simplicity of bones
finality of bones
the whiteness of bones
shedding light too late
on the inhumanity of humanity
a nightlight for caskets

Pablo III lives in alienation
where no one pays attention
where overlying concrete
keeps the growth at bay
outlining the only pathways
all the Pablos can walk
so all the green growing
outside the homeowner's door
doesn't turn brown

When Pablo III watches those walls
still being built by politicians
they express real disappointment
awaiting *cambio social*

I too, am a child of Pablo Pueblo
a son of Papá Blades
descendant of the scream
dancing in the streets
of misery and hunger
on the corner of rage
between the avenues of loss
in the alleys full of sorrows
searching for *luz*

II

I wrote this in the dark
pocket graffiti. Another
Oprah Book Club reject
the kind people
barely read for
lacking the label
of fine white wine

I'm not your money maker
I'm freedom and truth
I'm 100% proof

I am not your *uva*
sipped on for enjoyment
after being crushed
you did not raise me
out of the dirt
you are not allowed
to remove my skin
you can't refine my suffering
this is not your grapes of wrath

It is not our fault
how difficult it must be
for some reflecting
under the influence
of moonshine

We will have our day
we are more than
a subject on a shelf
more than a shadow
behind you
you shed light on

we are brilliant

Todavía

Aquí, cambiaron tal vez
los nombres de las calles pero
todavía nos sentimos igual.
Después de todos estos años,
después de todas estas noches,
después de todas estas discusiones,
después de toda esta música,
después de todas estas canciones,
después de tanto cantar,
después de todas estas palabras,
sigo escribiendo
¡lo mismo!

Todavía

Aqui, the street names
may have changed but
we still feel the same.
After all these years,
after all these nights,
after all these fights,
after all this music,
after all these songs,
after all this singing,
after all these words.
I'm still writing
lo *mismo!*

¿Cuándo terminarán las aceras?

Agua de lluvia
danos agua de lluvia
penetrando ligeramente las grietas
donde crecen las flores de alquitrán

La falta de preocupaciones
acepta adversidades
alzándose
surgiendo
como la luz del sol
como la belleza
como el ser

Cantamos
en la lengua
de las flores
sin avergonzarnos
porque ninguno pidió
estar enterrado al nacer.

Levanta tus canciones
como soles
para las flores
toda luz
vida pura
en jardines
juntos

Vamos a crecer

When Will the Sidewalks End

Rainwater
give us rainwater
seep softly into cracks
where the asphalt flowers grow

Worriless
is accepting hardships
rising up
to surface
as sunlight
as beauty
as being

We sing
in the language
of flowers
without shame
because none of us asked
to be buried at birth

Raise your songs
like suns
for blooms
all light
pure life
in gardens
together

We'll grow

Cantando los blues

-para Ellie Smith

Las luces del escenario son brillantes
pero nunca tan calientes
como la bombilla de 40 vatios
ardiendo en la luz del porche
fuera de tu casa
      ese foco
      ese reflector
      ese segundo sol

alargando el día más de lo que necesita ser.

Tu puerta principal
tan lejos de entre bastidores
como sea posible.

Entonces, cuando estés en un bolo
y una voz del público
insista, ¡*Canta con todo tu corazón!*

      Nos veremos
      sonriendo nuestros pequeños secretos.

Cantar ya es todo tu corazón
      y está bien.

      De todos modos, no es asunto suyo.

Singing Her Blues

–for Ellie Smith

Those stage lights are bright
but never as hot
as the 40-watt bulb
blazing in the porch light
outside your home
        that spot light
        that searchlight
        that second sun

keeping the day longer than it needs to be.

Your front door is
as far from back-stages
as you will ever get.

So, when you're at a gig
and someone in the audience
insists you *Sing your heart out!*

        We will glance at each other
        smiling with our little secrets.

You're singing it back in
        and that's okay.

        It's none of their business anyway.

Actriz

Por fuera eres una piedra pulida.
Al entrar, veo
el adornamiento cubierto con
el color de la ópera.

Te ves divina en el disfraz,
alegre entre todos. Sola,
más seria; llena de un espacio vacío.
Te veo buscando llamar la atención,
penitente por falta de interés;
tan cansada de las canciones.

Ya no hace falta que lleves esa sonrisa.
No vine por el espectáculo.

Actress

Outside you are polished stone.
Wandering in, I notice
ornateness draped in
the colour of an opera house.

You look divine in costume,
festive in a full room. Alone,
more *seria;* full of empty space.
I watch you nudging for attention,
penitent for lacking interest;
so tired of the songs.

You need not wear that smile now.
I'm not here for a show.

Hablar en lenguas

Voy a celebrar unos renacimientos privados.
Le rezaré a lo que sea sagrado
por ti.

Cuandoquiera que entres,
con toda la salvación aguardándome,
juro jamás callar las aleluyas
susurrando en mi alma.

O Señor,
hablaría en lenguas silenciosas
dentro de su boca si ella escuchara.
Inhalando un evangelio tras otro,
maldiciendo todo trozo de pecado,
lavando toda la culpa que
alguna vez sentimos por crear
el cielo en una tierra
en donde no hay inocentes.

Diosa,
solo quería probar el Yahweh
en tu boca. Sentir el perdón
calientito en tu aliento.
Bautizar nuestras sonrisas no nacidas.
Convertirnos los labios en cuáqueros.

No hay nada malo en eso.
Nunca había nada malo en eso.

Dios lo comprenderá.

Speaking in Tongues

I will hold private revivals.
I will pray to anything holy
for you.

Whenever you walk in,
with all that salvation awaiting me,
I swear to never hush the hallelujahs
whispering in my soul.

Oh Lord,
I'd speak in silent tongues
within her mouth if she'd listen.
Inhaling gospel after gospel,
damning every bit of sin,
washing away the guilt we
once felt for creating
heaven in a land where
no one's innocent.

Goddess,
I just wanted to taste the Yahweh
in your mouth. Feel the warm
forgiveness in your breath.
Baptize our unborn smiles.
Turn our lips into Quakers.

There is nothing wrong with that.
There was never wrong in that.

God will understand.

Compromiso

Ese día,
nuestras palmas
izquierda y derecha
formaron un campanario
nació nuestra religión
y Dios
miraba mientras
una congregación de dos
recitaba un salmo
jamás leído antes

Commitment

On that day
our left and right
palms steepled
our religion was
born and God
watched as a
congregation of two
spoke in a Psalms
never read before

Ejemplos

Si la luna se hiciera añicos
    y cayera del cielo
recogería sus vidrios rotos
    construiría un mosaico   de la noche
    para que pudieras dormir   y soñar
    en paz

Si el sol   se enfriara
    bailaría en llamas   en un derviche giratorio
    fuera de tu ventana
para que los pájaros trinaran   en la luz de los falsos amaneceres
    despertándote   con canciones de amor

Si desapareciera el mar
    pondría espejos   en el fondo del océano
    cerca de la costa
para que tú   vieras las profundidades
    azules   de mi devoción
    y pudieras recogerla   como cristal marino
cuando   decidieras

Y si dejara de soplar el viento
    te susurraría   al oído   cada día
para recordarte que   el aire
    aún puede
        moverte

Examples

If the moon shattered
      and fell out the sky
I would gather its shards
      build a mosaic   of night
      so you may sleep   and dream
      in peace

If the sun were to   cool
      I would dance ablaze   in a dervish
      outside your window
so the birds would chirp   in the light of false mornings
      waking you   with love songs

If the sea disappeared
      I'd lay mirrors   on an ocean bed
      near the coastline
so you could   see the blue
      depths   of my devotion
      and pick it up   like sea glass
whenever   you choose

And if the wind were to stop
      I'd whisper   in your ear   each day
to remind you   air
      can still

          move you

El pájaro cantor a las tres de la madrugada

Bajo la luz del porche,
las urracas echan un vistazo por mis mangas
y tiran pequeñas campanillas de viento,
tintineando baladas de blues mientras
una nota se sostiene demasiado después
de silenciar las últimas llamadas
y la memoria rodea el sonido.

Un ronrón se escabulle
y golpea la puerta. Oigo
los grillos susurrando *cri-cri*. Entonces
una polilla Polifemo me atrae, ojos brillantes,
llena de compasión; una sílfide dulce.

La puerta de malla nunca se cierra aquí, es
la entrada de la luz de la luna, de las ráfagas de aire,
de las bisagras chirriantes y los tapetes.

Escucho la avena de hoja ancha chocando con
la espiguilla durante las mareas-cielo; es el crujido
—el sonido que dejamos entrar.

Cesa de repente.
Descanso hasta la mañana
cuando se vayan las urracas
y yo de nuevo
pueda aguantar a solas.

Se van volando y cantando:

Entrando al presente,
volviendo al claro,
volviendo a la luz,
volviendo al campo abierto

Entrando al presente,
volviendo al claro,
volviendo a la luz,
volviendo al campo abierto

Entrando al presente,
volviendo al claro,
volviendo a la luz,
volviendo al campo abierto

Where the Songbird Goes at 3 am

Beneath a porch light,
peeking through my sleeves,
magpies tug on tiny wind chimes,
jingling blue ballads while,
a note is held too long after
last calls are muted
and memory surrounds sound.

A June beetle scurries
and beats the door. I hear
Crickets whisper *picayune*. Then
a Polyphemus pulls me in, bright-eyed,
full of pity; a gentle sylph.

The screen door never closes here,
moonlight's entry, gusts of air,
creaking hinges and walkway rugs.

I can hear the Northern sea oats crashing into
Cheatgrass during sky-tides; it's the rustling
—the sound we let in.

It ends abrupt.
I rest, until morning,
when the magpies go
and I again
can thole alone.

Flying away singing:

Into today,
back into the glade,
back into the light,
back into the clearing

Into today,
back into the glade,
back into the light,
back into the clearing

Into today,
back into the glade,
back into the light,
back into the clearing

Después de que me recordaron que ella siempre ganará más dinero que yo

Hay costos asociados
con mi estilo de vida y los pago
nunca conocí a un poeta rico
y lo acepto si nunca es así

Algunos hacemos trabajos ocasionales
evitando el hambre
casi sin hogar
almas transitorias
bailamos, bailamos, bailando
en espejismos bohemios
apostando con susurros

Viajamos ligero
empeñando libritos de bolsillo por gasolina
hasta la próxima palabra
esperando un dinerito extra
para reducir la intensidad
una milla más abajo

El valor de un dólar
no es el valor de mis palabras

He escrito lo precioso
que cabe en la palma de la mano

canarios que
memorizan tu nombre
cantan una aria
desde las entradas
cavadas a solas
en la oscuridad

Busco las palabras

Ellas convierten manos flotantes en una fogata
madre, matriz, lirio, bol, valle,
pala, lecho del lago, canasto de mimbre, caja de metal,
boquiabierto, tumba poco profunda, cofre de tesoro,
bolsillo de mezclilla, mariposa, universo y
confesores

Unos dedos entretejidos agarran palabras
como granadas de mano

Esta es corazón
esta es un secreto
esta es un momento
un apretón de manos
dados
caracolas
océano

Soy enriquecido por otras vías

cada vez que miro a mi alrededor
me doy cuenta de que me rodea
todo lo que no tiene precio
que esta vida me ha dado
y lo único que hice fue
prestar atención

After I Was Reminded She Will Always Make More Money Than Me

There are cost associated
with my living and I pay it
I've never met a rich poet
I'm okay if I never do

Some of us work odd jobs
avoiding hunger
almost homeless
transient souls
dance, dance, dancing
in bohême mirages
gambling with whispers

We travel light
hocking chapbooks for gas
towards the next utterance
hoping for a little extra cash
to take the edge off
a mile down the road

The value of a dollar
is not the value of my words

I've written precious things
that fit into palms

canaries that
memorize your name
they sing an aria
from entryways
dug alone
in darkness

I search for the words

Words turn floating hands into fire pit,
mother, womb, lily, bowl, valley,
shovel, lake-bed, wicker basket, metal box,
open-mouth, shallow grave, treasure chest,
denim pocket, butterfly, universe, and
confessors

Woven fingers hold words
like hand grenades

This one is heart
this one as secret
this one a moment
a handshake
dice
seashells
ocean

I'm enriched in other ways

each time I look about
I notice I'm surrounded by
the priceless things
living this way
has given me
and all I did was
pay attention

Quemando salvia

Una vez que estés listo para encender la salvia, agárrala
lo más lejos posible del extremo que quemas.
    —artículo de Brooke Bobb en la revista Vogue en línea
    22 de agosto, 2016, a las 4:00 AM

Siempre te diré cosas dulces y tontas como:

> *Eres más encantadora que*
> *un cuarto lleno de colibríes.*

> *No voy a misa porque ya sé*
> *que eres todo lo sagrado*
> *después del Génesis.*

> *Conviertes a todos los días en domingo.*

> *Confío en ti.*

Nos conocimos una vez,
hace mucho, antes de que la tierra
interrumpiera al sol y a la luna.

Te recuerdo,
era yo estudiante de primer año, eras tú
un rayo de luz refractada, vertida
sobre una pared fundiéndose con
un techo tiroleado. Una reflexión
del CD que quemé, cubierta
de un rotulador Sharpie de colores, titulado:
"Canciones de amor Vol 1".

En el futuro,
llegará una noche
cuando entres a nuestra recámara a hurtadillas
y quemes la salvia de nuestro jardín.

Estaré yo allá, durmiendo
enfrentando el deceso de mi madre,
soñando con murmullos
después de que las ráfagas traguen
sus cenizas.

Un día,
tampoco estaré yo
y el hueco del luto
atrapará el viento dentro de ti.

La Pajarita se dará cuenta, te preguntará
si puede limpiar con el humo sagrado. Le dices que sí
pero que se mantengan cerradas las ventanas por
unos cuantos días más para poder tú y yo
tomar el tiempo

un adiós del Medio Oeste apropiado.

How to Sage

Once you're ready to light your sage, grab the sage
as far from the end you are burning as possible.
   —Vogue magazine online article by Brooke Bobb
      August 22, 2016 at 4:00 AM

I will always say sweet and silly things to you like:

> *You are more charming than*
> *a room full of hummingbirds.*

> *I don't go to church but know*
> *you are everything sacred after*
> *Genesis.*

> *You turn each day into Sunday.*

> *I trust you.*

We've met once,
a long time ago, before the sun
and moon were interrupted by the earth.

I remember you,
I was a freshman, you were
a slant of light-refracted; poured
onto a wall which folded into
a popcorn ceiling. A reflection
from my burned CD, covered
in colored Sharpie, titled:
"Love Songs Vol 1".

In the future,
there will come a night,
when you'll sneak into our bedroom,
and burn the sage from our garden.

I'll be sleeping away,
the passing of my mother,
dreaming in murmuration,
after the gusts swallow
her ashes.

One day,
I, too, will be gone
and the hollowing of mourning
will trap the wind inside you.

Birdie will notice, then ask
if she may smudge. You say yes
but keep the windows shut for
a few more days so you and I can
take our time

a proper Midwest goodbye.

Remordimientos

—para Mary Oliver

En la muerte, nos incrustan en la tierra, debajo del suelo,
ciegos al cielo, escondidos de nuestras parcelas de luz.

Trabajan tan duro las luciérnagas cada noche, transportando
nuestras almas desde la tierra al universo.

Cada espíritu, un filamento, parpadeando como una carga,
hasta que los liberan y los sueltan al éter.

Anoche, al crepúsculo, marqué los destellos fríos latiendo
en Morse.

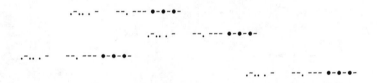

Suéltalo, dijo la luciérnaga. *Suéltalo*.

Remorse

—for Mary Oliver

In death, we are embedded into earth, placed beneath dirt,
blind to sky; hidden from our plots of light.

How hard the fireflies work each night, transporting our
souls from earth to universe.

Each spirit, a filament, flickering as cargo, until freed and
released into ether.

Last night, at twilight, I marked the flashes of cold light
pulsing as morsing.

Let go, said the lighting bug, *Let go.*

Para hoy

Hoy te escribo
de promesa y de verdad.
Escribo de ahora
no de mañana
ni de ayer.

Hoy te escribo
en donde es indiferente la edad,
aquí en nuestro momento,
ya pasado el pasado,
el futuro aún incierto.

Hoy te escribo
como recordatorio de estar
presente, siempre atento, de ser
consciente de ti mismo y de querer.

Hoy te escribo
para decirte, *voy a ser bondadoso,*
voy a prestar atención y
voy a pedir ayuda cuando la necesito.

Hoy te escribo
como un claro de espacio
lleno pero vacío aún,
de heridas y males

sin tratarse, de todo sentimiento
que necesite sanarse;
fuera.

Hoy te escribo.
Estoy contigo;
en el presente.

For Today

Today, I write to you
of promise and truth.
I write for now,
not of tomorrow,
nor yesterday.

Today, I write to you
where age is indifferent,
here in our moment,
the past having passed;
the future uncertain.

Today, I write to you
as reminder, to be
present, ever vigilant,
self-aware and care.

Today, I write to you
to say, *I will be kind,*
I will take heed and I
will ask when I'm in need.

Today, I write to you
as a clearing of space
left filled yet empty still,
of wounds or wrongs

untreated, of any feeling
in need of healing;
be gone.

Today, I write to you.
I'm here with you;
in the now.

La leyenda de Ernesto Hemingway
-para Bartolo

Llevo el misticismo curativo de mi abuelo
un curandero paseando por las montañas de Volcán
tuteándose con la tierra, el río y el cielo
le dicen Brujo, habla de raíces, corteza y hoja
siembra las semillas antiguas de los árboles kuna.

Es el color de todo lo vibrante.
Un matiz que solo he visto en el fuego de la magia,
tarareando las melodías de las mariposas danzantes;
mojado en la tintura de azufre y luz de luna.
Holgazanea en el cadáver tallado de
un enorme olmo.

El abuelo ya no habla mucho hoy día.
Envejece a la velocidad de un brote,
la única flor que busca la luz por la noche;
una flor cultivada por mil millones de soles.
Mi abuelo sigue aquí únicamente porque
la noche no se ha expandido a un ritmo
en donde quepa su esplendor,
y él espera con paciencia su turno
para ser nombrado constelación.

Déjame nombrarte
para que te elogien
un coro de luces nocturnas
en el tono correcto.

Ernesto es un hombre que sabe
que a los gallos no les encanta pelear
sino que pelean por amor
y sangran para demostrar
que aún les late el corazón,
mientras cantan canciones
al alba de sus derrotas
y victorias
igualmente.

Un romántico
El romántico
Panameño
Mi abuelo
El curandero
Brujo

Ernesto Hemingway agarra
más fuerte las caderas redondas y encendidas de ella
pasando sus dedos por
los seis mechones de su cabello;
caen las cenizas de una pipa
hecha a mano, por nubes artificiales
sobre el altar de su madre
--tierra.

Él le canta:

La tierra
La bella
Mi primer amor
Por favor no me esperes
Nosotros tendremos por siempre
Por siempre nuestro amor
Por siempre y siempre
Nuestro amor

The Legend of Ernesto Hemingway

-for Bartolo

I carry the healing mysticism of my *abuelo*
a *curandero* strolling the mountains of Volcán
on a first name basis with the earth, river and sky.
They call him *Brujo,* he speaks root, bark and leaf
he sows the ancient seeds of Kuna trees.

He is the color of anything vibrant.
A hue I've only seen in the fire of magic,
humming the melodies of butterflies dancing;
dipped in a tincture of sulfur and moonlight.
He lounges on the slain carved body of
a giant Ulmus.

Abuelo does not speak much these days.
He is aging at the speed of a sprout,
the only bloom in search of light at *noche;*
a flower raised by a billion suns.
My grandfather is only here because
the night has not expanded at a rate
that can house his brilliance,
so patiently he awaits his turn
to be named a constellation.

Let me name you,
so a choir of night lights,
can sing your praises;
in the right key.

Ernesto is a man who knows
roosters do not love to fight
but fight for love
and bleed to show
their hearts still beat,
while singing songs,
at dawn of losses
and victories,
equally.

Un Romantico
El Romantico
Panameño
Mi Abuelo
El Curandero
Brujo

Ernesto Hemingway holds
her round fire-lit hips tighter,
running his fingers through
six strands of her hair;
ashes falling from a handmade
pipe through man-made clouds
onto the altar of his mother
—earth.

He sings to her:

La tierra
La bella
Mi primera amor
Por favor no me esperes
Nosotros tendremos por siempre
Por siempre nuestro amor
Por siempre y siempre
Nuestro amor

Una publicación en Facebook para el primer poeta laureado de MTV, en forma de poema, al saber de su fallecimiento

—Para John Ashbery

Demasiado a menudo,
medimos el tamaño de un poeta
después de que ha partido;
la anchura de sus hombros,
el ancho de su pecho,
el largo de su alcance
y paso.

El traje a medida de la muerte,
pedido como derecho natural,
le corresponde a la mayoría
pero a ti no.
El tuyo no puede confeccionarse
al final.

No entierran a los gigantes;
se quedan en donde caen
ante nosotros,
horizontes por escalar.

Pocos lo harán,
y así
nos medirán:
al lado tuyo.

A Facebook Post, For The First Poet Laureate Of MTV, In The Form Of A Poem, Upon Hearing Of Their Passing

—For John Ashbery

Too often,
a poet's size is measured
after they've left;
the broadness of their shoulders,
the width of their chest,
the length of their reach
and step.

Death's well-fitted suit,
ordered as birth right
befits most
but not you.
Yours cannot be tailored
at its end.

Giants aren't buried,
they lay where they fall;
before us
as horizons to climb.

Not many will,
and this is how
we will be measured;
next to you.

Las noticias KCTV

—Para Bob Nill

Nadie tiene mayor amor que este, que uno ponga
su vida por sus amigos.
                    - Juan 15:13, Reina Valera 1960

Hoy murió un héroe americano.
Nunca lo conocí.
Murió el 18 de febrero del 2020.
El señor Bob fue guardia de cruce escolar
empleado por el condado Wyandotte.

A las ocho de la mañana
cerca de la calle 54 con
la Leavenworth en la Christ
the King Parish, una escuela,
lo atropelló un sedán negro.

Atropellaron a Bob Nill, de 88 años,
mientras empujaba a dos niños,
de 11 y 7 años, fuera del paso
de un vehículo que les venía encima.

Mi hijo tiene 8 años.

KCTV NEWS

—For Bob Nill

Greater love hath no man than this,
that a man lay down his life for his friends.
                    - John 15:13, King James Version

An American hero died today.
I have never met this man.
He died on February 18th, 2020.
Mr. Bob was a crossing guard
employed by Wyandotte County.

At 8 am near 54th street
and Leavenworth at Christ
the King Parish School
he was hit by a black sedan.

88-year-old Bob Nill was struck
while pushing two little boys,
ages 11 and seven, out of the way
of an approaching vehicle.

My son is 8.

Hijo

Tus emociones no son señal de alarma.
Tu cansancio y tristeza no son
una amenaza. Tu sonrisa no tiene que
interceptar las miradas de otros
hombres caminando con sus
esposas, sofocando su inseguridad.

Tu sinceridad será una carga
para los mentirosos. No es culpa tuya.
Tienes permitido ser bello
sin la etiqueta de lujurioso.
Puedes ser dulce sin
ser débil. Puedes ser débil.
Puedes ser poderoso y aún
ser compasivo. Perdonar. O no.

Puedes estar en paz sin ser
un misterio. Puedes bajar
la guardia. Puedes ser vulnerable.
Reír o llorar. O los dos. Puedes
hablar antes de que te hablen. No
tienes que decir nada.
Guarda silencio y llena espacio
si quieres. O no.

Tu silencio no es una intimidación.
Tu voz no es una agresión.
Puedes bailar y cantar cuando quieras,
donde quieras. Escoger el amor si
quieres. O no. Así eres tú,
sé tu mismo. Tú, espléndido.

Mi hijo precioso. Solo te pido
que nunca pidas
autorización de ser bello.

Naciste con el derecho
a todo lo que eres.

Hijo

Your emotions are not a red flag.
Your tiredness and sadness are
not a threat. Your smile does not
have to intercept stares from
other men walking with their
wives quelling their insecurity.

Your honesty will be a burden
to liars. It is not your fault.
You are allowed to be beautiful
without the label of lecherous.
You can be soft without
being weak. You can be weak.
You can be powerful and still
be kind. Forgive. Or don't.

You can be at peace and not a
mystery. You can put down your
guard. You can be vulnerable.
Laugh or cry. Or both. You can
speak before spoken to. You
do not have to say a word.
Be silent and take up space
if you want to. Or don't.

Your silence is not intimidation.
Your voice is not aggression.
You can sing and dance whenever
wherever. Choose love if you
want to. Or don't. You are just
you being you. Magnificent you.

My precious boy. I ask
that you never ask for
permission to be beautiful.

You were born with the right
to all your youness.

Las mismas noticias de siempre

—para Pedro Pietri

Todavía trabajamos
A veces llegamos tarde
Respondemos cuando nos insultan
Todavía trabajamos
Tomamos días libres
Nos ausentamos por enfermos
Hacemos huelga
Todavía trabajamos
10 días a la semana
2 trabajos mínimo
Sin horas extra
Todavía nos pagan por solo 5
--Incluso menos ahora

Todavía trabajamos
Trabajamos más duro
Mucho más duro
Nos cansamos
Llegamos tarde
Nos ausentamos por enfermos
Entonces volvemos a trabajar
Quebrados y rotos

Trabajamos
Y trabajamos
Y trabajamos
Trabajamos más duro
Mucho más duro que antes
Entonces morimos
Morimos quebrados
Morimos adeudados
Mucho más que antes
Morimos más quebrados
Morimos más duros
--Que chinguen su madre los bancos nacionales

Juan
Miguel
Milagros
Olga
Manuel

Siguen muriendo

Juan soborna a los senadores locales
Miguel perdió el título
Milagros desapareció
Olga canta sus tristezas
Manuel se fue para Broadway

Todos siguen muriendo

Morimos quebrados
En huracanes
En terremotos
Sin luz y agua
En guerras
Por balas
En terapia
Traumatizados
Consumiendo drogas
Y alcohol
Solos

Depresiones
Emocionales y económicas
También son depresiones tropicales

Hablemos

Aquí, se habla espanglish
—Todo el tiempo

Aquí, ponen primero a América
Aquí, nos lanzan toallas de papel
Aquí, nos dicen mexicanos
Aquí, les dicen a todos inmigrante
Aquí, somos todos iguales
Aquí, somos todos no blancos
Aquí, somos todos de color
Aquí, somos el otro
Aquí, el que le digan latino
significa no ser bien recibido.

Same Ol' News

—for Pedro Pietri

We still work
Sometimes we are late
We speak back when insulted
We still work
We take days off
We call into work
We go on strike
We still work
10 days a week
Two jobs minimum
No overtime
Still getting paid for only 5
—For even less now

We still work
We work harder
Much harder
Get tired
Show up late
Call into work
Then return to work
Broke and broken

We work
And work

And Work
We work harder
Much harder than before
Then we die
We die broke
We die owing
Much more than before
We die more broken
We die much harder
—Fuck the national banks

Juan
Miguel
Milagros
Olga
Manuel

Are still dying

Juan is bribing local senators
Miguel lost the belt
Milagros disappeared
Olga sings of sadness
Manuel left for Broadway

They are all still dying

We die broken
In hurricanes

In earthquakes
Sin luz y aqua
In wars
From gunshots
In therapy
Traumatized
On drugs
And alcohol
Alone

Emotional and
Economic depressions
Are also tropical depressions

Let's talk about this

Aqui se habla Spanglish
—All the time

Aqui, they put America first
Aqui, they throw paper towels at us
Aqui, they call us all Mexican
Aqui, they call everyone immigrant
Aqui, we are all the same
Aqui, we are all non-white
Aqui, we are only brown
Aqui, we are the other
Aqui, to be called Latino
is to be unwelcomed.

Dondequiera que estés

En la ciudad de Caguas, era el americano,
mi español chapurreado; mi acento, otro.

Iba a la escuela en guagüitas como taxis, no
tenía otra opción. Algunos trataban de intimidarme

en la guagua. Dejé de tomarla. Algunos trataban
de intimidarme en el almuerzo. Dejé de almorzar.

Algunos trataban de intimidarme en clase. Dejé de asistir
a clase. Un dominicano se hizo mi amigo. Nosotros

hablábamos de Biggie, Tupac y Wu-Tang, compartiendo
mixtapes de hip-hop y cintas de reggaetón.

Ivy Queen por Mic Geronimo, Point Breakers
por Mobb Deep, DJ Playero por Master P.

Gasté mi dinero para el almuerzo en Galaga, cigarrillos,
billar y Kola champagne. Iba caminando a casa,

en callejones de mosaicos de cristales rotos y confeti
de condones, temeroso de las jeringas que me miraban desde

las grietas en el concreto, como lagartijas por una ventana,
en una ducha de bloques en la casa de mi abuela.

Mi mamá me envió un par de Nike Air negros
Unos Uptempos para la escuela, para que no

me atormentaran tanto. Llegaron después de la vuelta a clase.
Un niño, Juni, llevaba unos Nike Air More Uptempos blancos.

Se conocía por cobrarte cada centavo. Me dijo
que su padre estaba en la cárcel. Mi padre enseñaba en una escuela

militar y no me permitió asistir allí. A Juni no le caían bien
los dominicanos. Contaba chistes racistas cuando

fumábamos *blunts.* Mi amigo dominicano iba caminando
a casa tal como yo. Juni lo esperó para pelear.

No se lo permití. Discutí con Juni. Decidí pelear
con mi amigo para salvarlo. No tenía otra opción.

Wherever you are, Wherever you're at

In the city of Caguas, I was the *Americano*,
my Spanish broken; my accent other.

I rode vans like taxis to school, I had no
other choice. Some tried to bully me on

the bus. I stopped riding the bus. Some tried
to bully me at lunch. I stopped going to lunch.

Some tried to bully me in class. I stopped going
to class. A Dominican kid befriended me. We

talked Biggie, Tupac and Wu-Tang, trading
hip-hop mixtapes and reggaeton cassettes.

Ivy Queen for Mic Geronimo, Point Breakers
for Mobb Deep, DJ Playero for Master P.

 I spent my lunch money on Galaga, cigarettes,
billiards and cola champagne. I'd walk home,

in alleys of cracked glass mosaics and condom
confetti, afraid of the syringes, peering out of

concrete cracks, like lizards through a window,
in a cinder-block shower at my *Abuela's* home.

My mother ships me a pair of black Nike Air
More Uptempos to wear to school, so I am not

picked on as much. They arrive after school starts.
A kid named Juni wore white Nike Air More Uptempos.

He's popular for his nickel and diming. He told me
his father was in jail. My father taught at a military

school I wasn't allowed to attend. Juni didn't like
Dominicans. He'd make racists jokes when we'd

pass around blunts. My Dominican friend walked
home after school like I did. Juni wanted to fight him.

I wouldn't allow it. I argued with Juni. I decided to
fight my friend to save him. I had no other choice.

Promesas

Any minute now, Plainsmen
No será siempre tan difícil

Any minute now, Plainsmen
Nos acogerán

Any minute now, Plainsmen
No nos temerán

Any minute now, Plainsmen
Nos aceptarán

Any minute now, Plainsmen
Nos respeterán

Any minute now, Plainsmen
No nos resistirán

Any minute now, Plainsmen
No nos atacarán

Any minute now, Plainsmen
No nos enjaularán

Any minute now, Plainsmen
No nos separarán

Any minute now, Plainsmen
No nos dividirán

Any minute now, Plainsmen
No nos mandarán de regreso a morir

Any minute now, Plainsmen
La bienvenida nos darán

Any minute now, Plainsmen
Viviremos en paz

Any minute now, Plainsmen
Nos verán como sus iguales

Any minute now, Plainsmen
Nos entenderán

Any minute now, Plainsmen
Nos llamarán familia

Any minute now, Plainsmen
Nos querrán

Any minute now, Plainsmen
No nos odiarán

Any minute now, Plainsmen
Todo terminará

Any minute now, Plainsmen
Nos perdonaremos ya

Promesas

Ya mero, llaneros
It won't always be this hard

Ya mero, llaneros
They will embrace us

Ya mero, llaneros
They will not fear us

Ya mero, llaneros
They will accept us

Ya mero, llaneros
They will respect us

Ya mero, llaneros
They will not fight us

Ya mero, llaneros
They will not attack us

Ya mero, llaneros
They will not encage us

Ya mero, llaneros
We will not be separated

Ya mero, llaneros
They will not divide us

Ya mero, llaneros
They will not send us back to die

Ya mero, llaneros
We will be welcomed

Ya mero, llaneros
We will live in peace

Ya mero, llaneros
They will see us as equals

Ya mero, llaneros
We will be appreciated

Ya mero, llaneros
They will call us family

Ya mero, llaneros
They will love us

Ya mero, llaneros
They will not hate us

Ya mero, llaneros
It will all be over soon

Ya mero, llaneros
We will forgive each other

7 horas de camino con los éxitos

—para Jimmy Santiago Baca

I.

Te comprendo. Yo también disfruto del sol
y deseo que me bendiga el viento.
Siento los rayos sobre esas palmeras
disciplinadas y derechas—soy una de ellas. Me quedo
solo, mi piel morena, corteza de hojas escamosas,
mi lengua bilingüe; girando en
el viento como palas.

Estaba de camino entre palmeras.
Por poco fui hoja de maíz masticada y tirada
al lodo. El padre de mi padre sembró
plátanos verdes y amarillos. Empezaba
de nuevo tras los huracanes.

II.

Yo fui el que nunca capturaron, aún
libre y reverdeciendo, diseminando palabras en
el viento, lamentando que encarcelen
y separen a familias. Los muros
no me significan nada. Ni me siento
enojado ya. No podrán
alejarme de quien soy. Seguiré
aquí vendiendo mi fruta.

Hoy me encuentro confundido. Espero que tu poesía
no sea la del Jimmy eterno. ¿Pensabas
escribir el futurismo chicano cuando
escribiste *Immigrants in Our Own Land?*
¿Viajaste a través del tiempo para cambiar
el año 2020? ¿Tratabas de salvarme
a mí por esa página?

Tu poesía jamás debió haber sido
profecía. Ahora les dicen Dreamers a los que
guardan sus sueños en sus corazones. Los viejos
todavía se quedan mirando. Todavía piensan que
los mexicanos les roban los trabajos. Aún no
les damos a los niños la oportunidad de vivir.
Quiero darle a mi hijo una mejor oportunidad
de vivir. Lo único que he hecho yo es sobrevivir.
Otro poeta del barrio trabajando
a través de la oscuridad.

III.
Había más de mil terremotos
en Puerto Rico y no se sanó nadie. Juan
Jesús, Jina y Johana dicen, todo bien,
gracias a Dios — sin luz y agua. Yo no lo estoy.
Hasta mis canciones de supervivencia me suenan
prestadas y desafinadas.

Escucho los clásicos en la emisora AM,
donde los pastores representan a intérpretes porque
saben que el cielo es tierra ajena. Estoy
de camino vendiendo poemas por empatía.
Algunos lloran y otros discuten
después de que lea esos poemas. No sé
si me siento bien o mal.

IV.
Hoy hacía viento mientras manejaba
por los Flint Hills rumbo a
la biblioteca pública de Mankato,
pasé al lado de la aldea Pawnee,
pasé al lado del río Big Blue,
pasé al lado del río Little Blue
y pasé al lado del río Republican.

Temía que las ráfagas me empujaran
hacia un lado. Recordé el sonido
del Huracán Fran. Como lentamente erosionó
los sentimientos de la seguridad. Recordé
lo callados que estaban los coquíes esa noche. Como
todas las hojas de las palmeras se murieron en silencio
postradas sobre la tierra. Pensé en las caracolas
y su vacío. Como hemos confundido
sus canciones por las olas suaves y frescas
del océano y tiernas brisas marinas, cuando
en verdad imitan los aullidos del vendaval.

Recuerdo cuando el Huracán Fran
tocó tierra en Estados Unidos e
inmediatamente perdió todo su impulso
hacia delante, convirtiéndose en tormenta tropical
y después depresión tropical, volviendo
al océano, disolviéndose, causando
pérdidas y devastación al seguir más
al norte hacia Canadá; lo único que lo
conservaba fue un nombre que jamás pidió.

V.
Mis amigos bromeaban que se mudarían
al Canadá tras las últimas elecciones.
Siguen aquí conmigo en Kansas.
Apago la emisora AM. Ya no
escucho las noticias sobre el COVID-19.

Los ancianos mueren solos y en cuarentena
alrededor del mundo. Los viejos se sienten
tan solos y aislados aquí
como en los países de frontera. Murió mi abuela
sola en Puerto Rico. Soñé con
su entierro antes de que me lo dijeran.
No pude despedirme. Ahora,
manejo demasiado rápido en la carretera 36.

El distanciamiento social es vivir
como el otro. Refugiarse en el lugar
es la vida de los indocumentados.
El racismo es una enfermedad
y se está extendiendo.

VI.
Enciendo el reproductor de CD y
se escucha *El día de mi suerte*
de Willie Colón. Pienso en *La Voz,*
Hector Lavoe y como la misma canción
suena tan diferente pero igual de triste.
Pensé en Marc Anthony
interpretando a Hector Lavoe en *El cantante.*
Ojalá que bailara yo a *Contra la corriente*
con Cochita y Chispa en KC.

Miré por la ventana de mi lado.
Temía estar perdido.
Los aerogeneradores giraban
sus palas. Eran los únicos
indicios de avance aquí. Estaba
de camino por horas. Todavía me quedaba
mucho por recorrer.

VII.
Cambié la música y Los Panchos,
Quizás, quizás, quizás, empezaron a sonar.
Suspiré, desaceleré y seguí
manejando. *El reloj* sonó después. Canté
las únicas palabras que podía recordar.

7 Hours on the Road *con Los Exitos*

—for Jimmy Santiago Baca

I.
I understand you. I, too, soak in the sun
and wish the wind would bless me.
I feel those rays on those disciplined
and erect palm trees—I am one. I stand
alone, my brown skin, husky-scaled bark,
my bilingual tongue; spinning in the
wind like blades.

I was on the road between palm trees.
I was almost chewed corn husk thrown
into the mud. My father's father planted
green and yellow bananas. He would
start all over again after hurricanes.

II.
I was one they never captured, still
free and greening, spreading words in
the wind, mourning how families
are imprisoned and separated. Walls
mean nothing to me. I don't even feel
the anger anymore. They will not
take me from who I am. I will remain
here selling my fruit.

I am confused today. I hope your poetry
isn't timeless Jimmy. Did you think you
were writing Chicano Futurism when
you wrote *Immigrants in Our Own Land?*
Did you travel through time to change
the year 2020? Were you trying to save
me through the page?

Your poetry should have never been
prophecy. The ones with dreams in their
hearts are now called Dreamers. The old
men still stare. They still think Mexicans
are stealing their jobs. We still aren't
giving the children a chance to live.
I want to give my son a better chance
to live. All I have done is survive.
Another poet from a barrio working
through the darkness.

III.
There were over a thousand earthquakes
in Puerto Rico and no one healed. Juan
Jesus, Jina, and Johana say, *todo bien,
gracias a Dios— sin luz y aqua.* I am not.
Even my songs of survival sound borrowed
and out of tune.

I listen to oldies on an AM radio station,
where pastors play interpreters, because
they know heaven is a foreign land. I am
on the road bartering poems for empathy.
Some people cry and some people argue
after I read those poems. I don't know
which is right or wrong to feel about.

IV.
Today, it was windy when I drove
through the Flint Hills towards
Monkato Public Library,
I passed the Pawnee village,
I passed the Big Blue River,
I passed the Little Blue River,
and I passed the Republican River.

I was afraid of the gusts pushing me
sideways. I remembered the sound of
Hurricane Fran. How it slowly eroded
sentiments of safety. I remembered how
quiet the Coquies were that night. How
all the palm leaves died in silence lying
on the dirt. I thought about the seashells
and their hollowness. How we've
mistaken their songs for soft cool ocean
waves and gentle sea breezes, but they
are mimicking the howls of windstorms.

I remembered when Hurricane Fran
landed in the United States and
immediately loss all of its forward
momentum, becoming a tropical storm
and then a tropical depression, returning
to the ocean, after falling apart, causing
loss and devastation as it headed further
north towards Canada; the only thing
keeping it together— a name it never asked for.

V.
My friends joked they would move
to Canada after the last election.
They remain here in Kansas with me.
I turn the AM radio off. No longer
listening to the COVID-19 news.

Elderlies dying alone in quarantine
around the world. The old feel
as alone and isolated here in
frontier counties. My abuela died
alone in Puerto Rico. I dreamt of
her funeral before I was told.
I didn't get to say goodbye. Now,
I am speeding on highway 36.

Social distancing is living
as the other. Shelter-in-place
is the life of the undocumented.
Racism is a disease and it's spreading.

VI.

I turn the CD player on and
Willie Colon's, *El Dia De Mi Suerte*
is playing. I thought about *La Voz*,
Hector Lavoe and how the same song
can sound so different but just as sad.
I thought about Marc Anthony
playing Hector Lavoe in *El Cantante*.
I wish I was dancing to *Contra la Corriente*
with Cochita and Chispa in KC.

I looked outside the driver's side
window. I was afraid I was lost.
There were wind turbines spinning
their blades. They were the only
signs of progress out here. I was
on the road for hours. I still had
a long way to go.

VII.

I changed the music and *Los Panchos,*
Quizas, quizas, quizas started playing.
I sighed, slowed down and kept
driving. *El Reloj* played next. I sang
the only words I could remember.

Per aspera ad astra

Nos perdimos en el llano,
hermoso y ordinario,
girasoles en los campos,
semillas de estrellas caídas del cielo,
con la cabeza en alto, arraigados
en esta tierra.

Admiro como brillan nuestras flores,
estirándose hacia el cielo
más allá de la hierba de pradera; ancladas
a la tierra; imitando
el sol.

Cuando un jardinero siembra
semillas de Helianthus, hace
magia; levanta
las estrellas del polvo donde
giran planetas zumbando y
se ponen las medias lunas rojas y revolotean
las cometas, flotando en comas anaranjados.

Siempre he sentido que
muy tarde por la noche,
en el lecho de una camioneta
en un campo de Kansas, estábamos
en el centro de este universo.

Y que me encontraba precisamente en donde
debería de estar, entre las flores, no debajo de ellas.

Per Aspera Ad Astra

We were lost in the plains,
beautiful and ordinary,
Sunflowers in the fields;
seeds of fallen stars,
standing tall; deeply rooted
in this land.

I've admired how our flowers shine,
grasping towards the sky
beyond the prairie grass; anchored
down to earth; mimicking
the sun.

When a gardener plants
the seeds of Helianthus, they are
performing magic; raising
stars out of the dust where
buzzing planets circle,
half red moons set; and swarming
comets float in orange comas.

I've always felt that
late at night, in the bed of a truck,
in a Kansas field; we were
at the center of this universe.

And I was exactly where I should be,
amongst the flowers; not below.

Un mango crece en Kansas

Me encontraron
escondido en un campo de trigo
dentro de una hoja de maíz
esperándolos

Estoy listo
coséchenme

Sosténganme entre sus manos
quítenme la piel
sáquenme el color
encuéntrenme tierno
blando y dulce

Coman de mí
hasta que no quede nada
y tengan las bocas vacías
y los vientres satisfechos

Lo que queda
perdurará
como semilla
para brotar
otra vez
más brillante
endurecido
y menos amargo.

Un Mango Grows in Kansas

You have found me
hidden in a wheat field
within a husk of corn
growing for you

I am ready
pick me

Hold me in your hands
remove my skin
peel away my color
find that I am tender
soft and sweet

Eat of me
until there is nothing
and your mouths are empty
and your bellies filled

What is left
will live
as seed
to grow
again
brighter
hardened
and less bitter

Huascar Edil Medina es un Kansan de primera generación, el actual poeta laureado de Kansas (2019-2021) y el padre de Sebastian Rook Medina. Su madre, Aris Odeth Bullard-Famania es panameña de Volcán, Panamá y su padre, Ediltrudis Medina-Vázquez es puertorriqueño de Yabucoa, Puerto Rico.

Huascar Edil Medina is a first generation Kansan, the current poet laureate of Kansas (2019-2021), and the father of Sebastian Rook Medina. His mother, Aris Odeth Bullard-Famania is Panamanian from Volcan, Panama and his father, Ediltrudis Medina-Vazquez is Puerto Rican from Yabucoa, Puerto Rico.

Julie A. Sellers is an Associate Professor of Spanish at Benedictine College in Atchison, Kansas, and a Federally Certified Court Interpreter (English/Spanish). A native of Kansas, Julie has travelled extensively in the Americas and Europe. She has twice been the overall prose winner of the Kansas Voices Contest (2017, 2019). Julie's creative work has appeared in *Fabrizo Paterlini: Microstories--the Eighth Note, Cagibi, Eastern Iowa Review, Wanderlust, The Write Launch, Kansas Time + Place, and Heartland!*. Julie's third academic book, *The Modern Bachateros: 27 Interviews* (McFarland, 2017), received the Kansas Authors Club 2018 It Looks Like A Million Book Award.

Julie A. Sellers es profesora asociada de español en Benedictine College, Atchison, Kansas, e intérprete certificada por los tribunales federales (inglés/español). Nacida en Kansas, Julie ha viajado extensamente en las Américas y Europa. Dos veces fue la ganadora general en prosa del concurso Kansas Voices (2017, 2019). Su obra creativa ha sido publicada en *Fabrizo Paterlini: Microstories- -the Eighth Note, Cagibi, Eastern Iowa Review, Wanderlust, The Write Launch, Kansas Time + Place, y Heartland!*. Su tercer libro académico, *The Modern Bachateros: 27 Interviews* (McFarland, 2017), fue otorgado el premio It Looks Like A Million Book Award por el club Kansas Authors en el 2018.